두엄출판사

라문석 사장님께

저자 이광남

2017. 2. 7.

고양에 살어리랏다

이 도서의 국립중앙도서관 출판예정도서목록(CIP)은 서지정보유통지원시스템 홈페이지(http://seoji.nl.go.kr)와 국가자료공동목록시스템(http://www.nl.go.kr/kolisnet)에서 이용하실 수 있습니다.(CIP제어번호: CIP2017001935)

이광남 시집

밀양에 살어리랏다

2017년 2월 10일 초판 1쇄 발행

지은이 이광남
펴낸이 나문석
편 집 장상호

제 자 김춘복
자료사진 밀양시청 공보실

펴낸곳 도서출판 두엄
등록번호 제03-01-503호
주 소 41969 대구광역시 중구 명륜로 12길 21
전 화 053-423-2214
메 일 dueum@hanmail.net

ISBN 978-89-85645-63-8 03810

이광남 시집

모양에 살어리랏다

두엄

＊시인의 말＊

밀양은 내 문학의 텃밭입니다.
이 시집에 오른 60편의 작품들은 내가 사랑으로
가꾼 작물들로 독자님의 시각에서 보면
못나고 흠다리가 있게 마련일 것입니다.
천 년을 버티고 있는 영남루도 언제, 누가, 어디서
보느냐에 따라 느낌이 달라지듯이 예술은
다양성에서 출발해야 가치가 있는 것 아닐까요

밀양에 살면서 딴에는 구석구석 돌아다니다 보니
쓸거리가 많았습니다. 밀양은 정말 큰 동네고
아름다운 고을입니다. 여기에 빠지고 놓친 것들은
기회가 주어지면 살을 붙이고 싶습니다.

이번 시집 발간에 도움을 주신 손정태(밀양문화원장)님과
이원범(밀양시청 공보실)님께 감사의 말씀 드립니다.

2017 새날 아침

저자 **이 광 남**

차례

1부 | 밀양에 살어리랏다

2부 | 사자평 억새

3부 | 시례호박소

4부 | 빈지소

| 1부 |

밀양에 살어리랏다

밀양에 살어리랏다

살어리
살어리
밀양에 살어리
산 좋은 물 좋은
밀양에 살어리
봄 여름 가을 겨울
맑은 공기 마시고
맑은 물 먹으면서
밀양에 살어리
사랑하는 사람과
사랑하는 이웃들
천년이고 만년이고
어울렁 더울렁
알리 알라리
밀양아리랑 부르면서
밀양에 밀양에서
살어리 살어리랏다

살어리
살어리
밀양에 살어리
들 넓고 터 좋은
밀양에 살어리
봄 여름 가을 겨울
잘 익은 과일을
맛있게 먹으면서
밀양에 살어리
좋아하는 사람과
좋아하는 친구들
백년이고 몇 백년이고
어울렁 더울렁
알리 알라리
밀양아리랑 부르면서
밀양에 밀양에서
살어리 살어리랏다

영남루 : 보물 제 147호, 조선 후기 대표적 목조건물

영남루

음풍농월에 가무가 득세하고
아랫것들은 허리 휘도록 일만하던 시대
풍류 즐기던 양반네들이 주름잡던 곳
문턱이 높아 함부로 오를 수 없고
처마가 깊어 감히 쳐다볼 수 없었기에
항상 그림 속 떡인 적 있었지

반상의 벽 무너지고
평등의 바람 거세게 불어
백성이 문화의 주인이 된 오늘
툇마루 문지방 낮아지면서
마음 편하게 오르는 쉼터

영남 제일의 누각으로
풍광마저 우뚝하게 빼어나
낭만에 젖어 난간에 서면
답답한 가슴 확 열린다

백중놀이 : 무형문화재 第68호

백중놀이

세상에 힘들고 보람찬 일
논 갈아 벼 가꾸는 것이 제일이라
비지땀 흘려 세 벌 논매기 마치니
때는 음력 칠월 백중날
오늘 하루는 농사꾼의 잔치로다
푸짐한 차례 음식 올려놓고
농신제 풍년제 열어볼까
농주 한 사발에 어깨춤 절로 나고
흥겨운 농악에 모두 나와 어울려
둥실둥실 춤사위 돋아난다
헐렁한 바짓가랑이 벗겨지고
땀으로 얼룩진 배꼽 내놓고
데굴데굴 굴러보자
빙글빙글 빙그르 돌아보자
얼씨구 좋다 절씨구 좋다
한바탕 신바람 나게 놀아보세
원도 한도 풀어놓고 즐겨보세

남천강

고래 등 같은 산 넘고
거북이 등짝 같은 들판 가로질러
한결같이 남쪽으로 흐른다고
남천강이라 부른 모양이야

가지산 골짝 물 얼음골 사과 낳고
재약산 골짝 물 단장 대추 키우며
화악산 골짝 물 명품 깻잎 맛 낸다

밀양 사람들 마음이 푸르고
가슴이 맑은 것은
은어와 다슬기가 함께 사는
저 든든한 강이 있기 때문이다

*남천강은 밀양강. 옛이름은 응천강(凝川江) 또는 을자강(乙字江)이라고도 했다. 재약산의 단장천, 운문산의 산내천, 비슬산의 북천이 그 원류가 되어 밀양시의 중심부를 을(乙)자형으로 휘감아 흐른다고 지어진 이름이다.

밀양역

내구에서 남성현 터널 지나면
고향 밀양 다 온 것 같고
부산에서 구포 지나 낙동강 보이면
밀양이 코앞에 있는 것 같아
열차는 들썩거리고
밀양역은 오가는 사람들로 붐빈다

경부선 철도에 밀양역만큼
사랑받는 곳은 없을 것이다
동부 내륙 지방인 밀양 사람들에게
기차는 사람들만 왕래하는 곳이 아니라
손에 들고 어깨에 맨 가방 속에는
밀양의 맑은 공기와 물이 가득하다
그래서 그런지
오늘도 밀양역은 손 흔들어 떠나보내는
사람보다 맞이하는 사람이 많아
어머니 품속처럼 기다림이 이어진다

밀양해천

물은 문화의 시작이었다
물이 흐르는 곳에
사람이 모이고 마을을 이뤘다
물의 도시 밀양
아름다운 이 고을에 태어난 해천
처음에는 물장구치며 노는 놀이터였다가
밀양읍성의 소중한 생명줄 되었다
그러다가 전쟁과 해방을 겪으면서
쓰레기가 모이는 생활 하수구에서
버림받은 개천이 되었다
시민들의 치열한 논쟁 끝에
되살아 난 생태하천
이제는
시민들의 강으로
밀양의 새 자랑거리로
우리들 품에서 살아갈
아름다운 밀양해천

*밀양해천은 조선시대 1479년(성종 10년)에 축조된 밀양읍성을 외부 적의 공격으로부터 방어하고자 만든 해자였다. 그 너비는 5.9m의 인공하천이었다. 올해(2016년) BOD 14mg/L을 기록하며 1b등급(좋음)으로 개선됐다. 2016년 환경부주최 생태하천 우수사례로 선정, 지금은 해천이 복원되어 시민들의 휴식공간으로 공연장소로 이용되고 있으며 밀양독립사 연구소에서 항일운동 테마거리로 조성해 볼거리와 알거리 재미거리가 많은 곳으로 시민들이 많이 찾아옴.

만어사 전경

만어사

삼국유사 가락국기 편에
김수로왕의 전설이 전해오는
천년고찰 만어사

동해의 용과 물고기들이
돌이 되었다는 설화에다가
쇳소리 나는 경석으로 변했다니
종교의 감화에 감복되고
정치 지도자의 힘에 고개 숙여진다

첩첩 산중에
겹겹이 쌓여있는 너덜겅
억겁의 이끼로 창연한 만어사
그림처럼 돌탑 있고
그림처럼 돌계단 놓여있다

지나온 세월 새김질하면서

경내 배회하다가

무심결에 산 아래 보니

저 멀리 삼삼하게

낙동강 보일락 말락

*만어사는 대한불교조계종 제15교구 본사인 통도사의 말사이다. 이 절은 46년(수로왕 5) 수로왕이 창건하였다는 전설이 전한다. 창건 이후 신라시대에는 왕들이 불공을 올리는 장소로 이용되었고, 1180년(명종 10) 중창하였으며, 1506년(중종 1) 화일(化日)이 중건하였다. 이어서 1879년(고종 16)에 중건하여 오늘에 이르고 있다.

가곡동 남포리

소금배 닻 내리는 날이면
소달구지 타고 온 외지 상인과
지게 진 내지 사람들로
시끌벅적했을 남포리 선창가

흥청거리던 먹자거리
고단한 몸 쉬었던 주막
어디쯤일까

밀양강 물길 변하고
수로가 얕아지면서
뱃길 끊어진지 오래

몸통만 남은 거룻배 한 척
물 빠진 웅덩이에 파묻혀
낡은 역사처럼 썩고 있다

낙동강역

부산에서 서울로 가는 철길
첫 환승역 삼랑진역에서
경전선 들머리
낙동강역 있다

마산 · 진주로 가거나
멀리 순천 · 목포로 가고
구포 · 부산으로 가거나
밀양 · 대구로 가는
하루에 단 두 번만
타고 내리는 초미니 간이역

역사가 있고
개찰구는 열려 있으나
직원이 근무하지 않는 역

고요한 간이역

쓸쓸한 간이역

세월에 밀려

역사 속으로

*낙동강역은 1906년 12월 12일 영업 개시. 2009년 5월 1일 무인역으로 격하. 2016년 지금은 완전히 폐쇄되었음. 다만 역사는 남아 있고 역은 산업용으로 이용되고 있음.

낙동철교

삼랑진 낙동에 가면
녹슨 철교 두 개가 있다
자동차가 건너는 철교는 위에 있고
기차가 달리는 철교는 아래에 있다
넉넉히 흐르는 낙동강을 끼고
김해와 밀양을 관통시키는
물류와 교통에 이바지하는 다리

지금은 비록 낡고 비좁아
제 기능 못해도
한때는 국가의 동맥으로
지역민의 유일한 교통수단이었다

부산 구포에서 낙동강을 타고 오르면
처음 만나는 다리가 낙동철교다
밀양강과 합수하는 뒷기미 물길에
하남들을 휘돌아온 낙동강 분류가

삼랑 나룻터에서 합류하는 곳이니

예부터 이름난 곳에 생긴 문명의 다리
아름다운 문화재로 남아 전하기를

*개통당시 철교는 우마차용 다리였고, 아래 철교는 경전선 철도용이었음. 2015년에 경전선이 복선화되면서 철도용 다리가 새로 세워졌고 옛 다리는 레일바이크용으로 이용되고 있음.

버들섬

섬 꼬랑뎅이만 살아남고
노지에 하우스 밭으로 변했지만

바닷물이 넘나들고
갈매기가 날아오던 시절
맛 좋은 재첩에
사계절 성시를 이룬 횟집

영남 내륙의 길목이자
물류기지였던 낙동 나룻터
소금 실은 거룻배에
질 좋은 쌀 실은 곡물선까지

백년마다 바뀐다는 물길따라
낙동강 하구는 수난을 겪는다
섬이 뭍이 되고
새로운 모래섬이 생기면서

버들 울울창창했던 버들섬
지금은 강물에 떠나보내고
지도책에만 남아 전한다

작원관 비극

삼랑진 검세리 깐촌마을
낙동강 물길이 벼랑에 부딪쳐
천 길 낭떠러지 되었으니
부산 동래부로 가는 행정길 편이나
나룻배로 김해 가는 뱃길
여기를 통과해야 했기에
국방과 교통의 요충지였다

조선의 아픈 역사 임진왜란
동래성이 함락되고
몰려오는 적병을 막아야 했던
영남대로 최초의 방어선
삼랑진 작원관 전투
밀양부사와 군관민 300명이
왜병 1만 8천명과 맞서 싸우다니
맨손으로 대항하고
부족한 인원으로 사투를 벌인 항전

생각하면 가슴이 아프고 애통합니다
비석 세워 기념하고
집 지어 제사 지내는 것으로
우리들의 도리 마땅히 부족합니다

*밀양시 삼랑진읍 검세리. 1995년 작원관 성문을 복원했음. 경상남도 문화재 자료 73호.

삼랑진 양수발전소 하부댐 안태호

하부댐 안태호

산업의 불이자 밥인
전기 생산이 시급한 상황이라
삼랑진 천태산 골짜기
서병마을 이주시키고 생긴 물길
고향 잃은 사람이야 안쓰럽지만
국가 동력으로 다시 태어나니
이게 바로 삼랑진 양수발전소
하부댐 안태호입니다

저수량 1천만 톤에다
댐 길이 529m 높이 78m
발전량 60만 kw
1979년부터 1985년 12월까지
6년 3개월의 대역사

봄이면 벚꽃 만발하고
여름이면 짙은 수림으로 우거져

삼랑진 딸기와 함께 알려져
찾는 이마다 감탄 자아낸다

장엄한 안태호 호반
오늘도 푸른 물결로 가득 차 있으니
우리국가 미래 푸르길 기원합니다

*밀양시 삼랑진읍 안태리 286
관람신청 : 삼랑진양수발전소 055-360-3286

수산제(守山堤)

왕조시대엔
'농자천하지대본야' 라 해서
국왕이 행차
농사에 직접 참여했기에
제방과 저수지는 최고의 곳간

하늘같은 임금
하늘같은 쌀
모두 하늘같은 백성이
온 정성 쏟아
신성한 물에서 시작해
물로 끝나지요

전국에 세 번째로 큰
이름난 수산제
넉넉한 낙동강 강물 담아
안강 들 벼농사 풍년들면

얼씨구 좋다 지화자 좋다
길이길이 전하자 수산제
길이길이 보존하자 수산제

경상남도 기념물 제 102호. (삼한시대)

당말리산(堂山)

하남읍 수산 뒷산
당 숲에 당제를 지내는 곳
마을의 안녕을 축원하는
신성하고 거룩한 장소
사방 전망이 뛰어나
내동 계단으로 오르고
동촌동이나 서편동에서도 오른다

기름진 하남들이 보인다
넓고 큰 낙동강이 보인다
하남의 진산 덕대산이 코앞이고
김해의 무척산도 눈에 들어온다

수산 주민들의 보배 같은 산
훌륭한 쉼터에다가
운동기구까지 갖추어 있어
가볍게 올라

마음에 쌓인 피로 떨어내고

기쁨 안고 내려가는 산

*하남읍 수산리 내동의 뒷산이다. 이 산의 정상에 당집이 있다. 매년 당신(堂神)을 받드는 제향(祭享)을 지냄.

| 2부 |

사자평 억새

수산장

소전이 쫓겨나더니
닭·개는 말할 나위없다
대장간이 사라지니
옹기전도 따라지신세

좁은 골목길에
풍물장이까지 어울려
누이 좋고 매부 좋게
정겨웠던 수산장

길이 최우선이라는 시대의 바람으로
사통팔달 뚫리다 보니
수산시장 쪼가리 나고
이리저리 흩어져 볼품 없어졌다

장날이면 근교 아낙네들도
아침부터 북새통이었는데

어디로 갔나 그 많던 흥정꾼
적막하다 대낮인데도

*수산 나루터에서 내서동 일대를 비롯하여 버스터미널까지 넓게 분포돼 있었는데 지금은 싸전을 비롯한 일부만 남아있다.

말새미

신라가 가야국을 칠 때
병사들이 몰려와
말에게 물 먹였다는 새미(샘)

물 맑고 물 맛 좋기로
이름난 샘

목말라 물 먹고 싶으면
'파서 가서 말새미 물 먹자' 했고
싸움에 이긴 장수들도
술 대신 말새미 물 찾았다는

가뭄에도 마르지 않고
항상 같은 양으로 솟아나는
신비롭고 신성한 샘

물이 보약이고

생명들의 생명줄일 때

뭇 짐승들의 목마름 해결했으니

그 이름 정말 거룩하다

*밀양에서 수산으로 가는 (구)국도 파서리 마을 쪽 길가에 있으며 지금도 옛 모습 그대로 샘터가 있으나 관리 소홀로 푯말 하나 세워져 있지 않음.

개고개

소도 넘고 개도 넘어간
남전리 본담 개고갯길
주인 따라 먼 길 나선
목마름 적시는 새미도 있고
주막에다 숙소까지 있었다지요

세월이 흘러
희미한 기억 속 고갯마루
소먹이 아이들 놀이터며
성황당 돌무더기도 허물어져
잡초만 무성하다

민초들 애환이 서린 고갯길
나들이 힘들어도
외지 출입은 필요했기에
고달픈 삶 내려놓고
잠시 쉬었다가 곧장 가면

평촌이고 밀양 땅이라
막걸리 한 잔에 육자배기 뽑으면서
시름시름 넘어가는 하남 양반
눈에 삼삼 밟히내요

*남전리 본담에서 상남면 명성리로 넘어가는 고갯길, 지금은 완전 폐쇄됨.

사자평 억새

사자평 억새

햇볕 쨍쨍한 가을날 사자평에 가면
은빛으로 일렁이는 수만 개의 억새 만난다
끼리끼리 무리지어
서로 목 좋은 자리 차지하려고
이리저리 비집고 다투다보니
온 천지가 억새밭으로 되었구나

억새가 잘 자라는 평지와 낮은 언덕
억새가 좋아하는 물과 바람
모두가 이곳에 있기에
사자평 억새는 태깔이 참 곱다

밀양댐 전경

밀양댐

고례초등학교 정문 앞 지나면
자동차도 사람도 소도 개울물 건너
한참 더 가야 사회동 버스 종점이다
오른쪽 언덕배기에는 대추나무 울 삼아
끝 동네 덕달마을 옹기종기 보이고
뒷길 돌담 타고 당산나무 돌아돌아
산길 들길 밭도랑 논도랑 건너가면
물돌바위가 기막히게 어우러진 농암대다
영남알프스라는 재약산 능동산
이웃 울산과 양산에 있는 간월산 신불산
골짝 물 흘러내리는 배내골도 지척이다
우리들의 자랑스런 아들 딸들이
두고두고 살아온 물 좋고 인심 좋은 고례땅
댐이 들어선다고 날벼락 떨어져
집 허물고 길 깔아뭉개 물막이 공사
요란하더니
마을도 성황당도 물레방앗간도 수몰되고

거대한 콘크리트 벽이 가로 막아
그림 같은 고향땅
모두모두 물속으로 사라지고 말았구나

정승골

꼭꼭 숨겨진 계곡이라
찾아가기 어려운 정승골
연유야 어쨌든 정승이 살았다는
전설 같은 이야기 전하는 마을

원구천 버스 종점에서 두 갈래길
나무꾼 다녔던 계곡 따라가거나
잿마 고갯길 굽이굽이 돌아가야
항아리 목 닮은 입구에 닿는다

키대로 자란 머루 다래 넝쿨이
골짝 물먹고 큰 돌미나리가
실개천에 뛰노는 피라미들이
돌배나무 위 목청 가다듬는 까치가
한통속 되어 사람을 끌어당긴다
한 가족처럼
이곳에 같이 살자고

백마산성 바드리

밀양고을에서 높고 깊은 산골마을
밝은 달구경하는 곳이란 바드리(所月里)
표충사 입구 삼거리에서 오른쪽 계곡 건너
우뚝 선 백마산 아래 동네가 바드리다

장장 십리 길 굽이굽이 올라가야 도착하니
외지 사람들에겐 숨겨진 마을이다
삼국시대 백마산성이 치열한 격전지였고
임란 땐 적에 함락당한 아픈 역사 깃든 곳

한때는 묵정밭처럼 버림받은 땅이었건만
산사람들 입소문 나고 열무 바람 타면서
세상에 문 열어 새마을 되었다
사방 둘러봐도 산밖에 없어
구름 위에 두둥실 뜬 그림 같은 마을
넓은 들도 맑은 시냇물도 흐르지 않아
생활하기엔 불편하지만

까무라치게 공기 하나만은 최고다
자연이 건강하고 살아있기에
자연이 건강하게 숨 쉬는 바드리에 오면
찌든 마음 맑아지고 욕심 달아나
더 이상 낮은 곳으로 내려갈 생각은 잊고
심호흡하면서 푸르게 살고 싶다

*단장면 고례리 중리마을이며 해발 500m. 십여 가구가 상주하고 있으며 최근에 여래사란 암자도 생겼다.

더 이상 갈 수 없는 감물리(甘勿里)

밀양 고을 삼대 오지 중 막내 뻘 되는 곳
단장면 안법골의 끝자락 감물리
이곳은 미지의 땅이자 두려움의 땅이었다
새 삶의 터 찾아 나선 이들에게
앞을 가로막는 험한 산과 큰 바위들
더 이상 가지 말라는 출입 금지의 뜻 담긴
'가물' 이 감물리로 변해 불리어지는 지명이나
임란 때 피난민이 마지막으로 찾아온 곳이라니
절박한 심경의 사람들이
필사적으로 찾은 땅
더 이상 물러날 수 없는 땅
그러기에 사랑, 정성, 희생이 배어있는 땅
울고 왔다가 정들어 고향이 된 곳
마을 입구 용이 목욕했다는 큰 저수지를 중심으로
척박한 비탈에도 논밭 일구어
농민의 후예로서 자랑스런 낙토 이루었도다
아름다운 산 닮아 정직한 사람들 되고

믿음직한 땅 닮아 건강한 사람들 되니

정답게 오순도순 살고 있는 마을

밀양이 자랑하는 산골마을

감물리(甘勿里) 되었다

*용소를 중심으로 구기 중리로 나누어지고 폐교(감물리초등학교) 자리에 버스정류장이 있었고, 당고개(서낭당) 넘어 삼랑진 행곡으로 가는 외길이었지만 지금은 만어사, 약수암, 삼봉사, 여여정사로 가는 길이 사통팔달 되었다.

양동리 지석묘

서당골에서 대사동으로 가는 길목
소를 닮아 소바우라 했다지
벅수처럼 버티고 서서
마을 수호신으로
역신도 막아내고
별자리 역할까지 했다는
성혈이 뚜렷한 지석묘
단순한 돌이 아니지요
생김새 생뚱맞게 생겼지만
지혜로운 바위돌
누구의 무엇이며
무슨 사연으로 여기에 세웠는지
내 조상 내 마을이라면
푯말 하나 세워
텃텃하게 모셔야지요

*양동리 입구에서 본동으로 들어오다가 서당골로 가는 길목에 있음.

사명당

무릇 속인으로 태어나
사문의 길 들어
욕계로부터 해탈
고매한 인품 얻었으니

위대함이란
말보다 행동으로 보여주는 것
국가 누란의 시절
맨발로 뛰고
알몸으로 부딪쳐
꺼져가는 불씨 지피우고
사지로 끌려간
백성 구했으니

국난극복의 이름으로
민족의 표상으로
당신의 이름 새깁니다

용호놀이 공연장면 - 경상남도 무형문화재 제2호

용호놀이

고달픈 삶에도 봄날이 있듯이
해가 바뀌어
농사가 풍년이 들면
즐거운 날 푸짐한 잔치가 열려
한바탕 춤판이 벌어진다

이웃들이 어울려 신명나는 날
동부는 용맹스런 용이요
서부는 용감한 호랑이라
힘센 두 마을 장수 내세워
서로 어루고 힘자랑하다가
일시에 달려들어
상대편 깃발 빼앗기로 승부낸다

이기는 쪽은 승리해서 좋고
진 쪽은 내년을 다짐해서 좋은
한 이웃들의 상생하는 놀이

무안 땅에 내년에도 풍년드세요

동네 사람들 힘자랑하게

표충비각
- 땀나는 비석

호국불교의 상징인 사명당
살아서 충정은
돌아가셔도 이어지니
나라가 어려울 때마다
땀 흘려 위험성을 알린다니
절로 고개 숙여집니다

과학의 시대에 살면서
과학적으로 풀리지 않기에
신비로운 기적으로 기록되는
신령의 세계

만약에 속인의 일이었다면
눈맞춤도 않을 것을
정말 위대한 인물은
위대한 족적 남김을 배웁니다

*경상남도 유형문화재 第15호

위양못 이팝나무

위양못

걸어도 걸어도
다리 아프지 않고
쳐다보고 쳐다봐도
눈 시리지 않는
전원 같은 둘레길
꽃밭 같은 수변길

양민을 위한다는 선인들의
높은 뜻에
자연 거슬리지 않고
자연 그대로 꾸며놓은 못
물 가두어 농사지으니
국가에 이롭고
정자 지어 풍경 좋으니
마을 사람들 쉼터 되었다

봄이면 이팝나무 눈꽃으로

여름이면 어리연 수놓으니

계절마다 갈아입는 옷에

감탄이 절로 난다

*부북면 위양리, 밀양 8경 중 한 곳.
(위양못 이팝나무 : 경상남도 문화재 자료 제167호)

사명당 생가지

국난극복의 인물 사명당 출생지
무안면 영취산 아래 고사리
어릴 적 뛰놀던 동산
바위 하나 나무 한 그루 예사롭지 않다
위대한 인물은
위대한 문화유산 씨앗이라

한평생 국가를 위해 헌신했으니
후세에 표본이 될 인물
그 업적, 그 사상
민족혼으로 받들어 모셔야 했기에
여기 국민의 성지로 만들어
길이 남기고자 합니다

*지방기념물 제116호, 경상남도 무안면 고라리

평밭

화악산 오르는 길목
산으로 오르는 등산객
배낭 줄 당겨 매고
신발 끈 조이고 가는
쉼터처럼 펑퍼짐한 마을

운주암으로 가는 길목
위양못 지나
능선길로 오르거나
대항 저수지 앞길로 가면
비둘기처럼 평화로운 마을

산이 아름답고
공기가 깨끗해
그림처럼 살고 싶은 마을
외로우니까 한가해 보이고
쓸쓸하니까 조용한 마을

작지만 넓고 깊은 산골마을

이름마저 근사한 평밭입니다

*부북면 대항리 해발 300m 높은 곳, 운주암과 화악산으로 가는 길목. 위양리 쪽에서 오르거나 대항리 못에서도 감. 전체 가구수는 20채 가량 되며 암자, 찻집, 식당 등이 골고루 있어 쉬었다 가기 안성맞춤.

| 3부 |

시례호박소

화악산

건강한 사내 어깨뼈같이
단단한 산
기품 있는 장군의 콧날같이
늠름하고 우뚝한 산
학교 교가에 터줏대감으로
사랑받는 밀양의 진산

구름이 가리면
한결 신비롭고
눈이 쌓이면
설경이 뛰어난 산

시내 어느 곳에서나 볼 수 있어
밀양 사람들이 사랑하는 산이기에
가슴에 가슴으로 살아 있는 산

*부북면 대항리 뒷산, 해발 931.5m. 청도면 요고리, 상동면 여수동까지 둘레를 이룸. 경상북도 청도군과 경계선.

운주암(雲住庵)

구름이 쉬어가는 화악산 운주암
사방으로 막힘이 없어
바람이 막무가내로 들랑날랑
겨울 산사는 바람이 주인이다

대웅전 처마에 달린 풍경
흔들어 깨워
아미타불 외우라고 꾸짖고
심우도에 누워 있는 소
죽비로 내리쳐
어서 동쪽으로 가자고

면전을 때리는 바람을 피해
바람막이 있는 해우소에 이르니
말라버린 담쟁이넝쿨 잎사귀
날이 선 바람에 엉덩잇짓하면서
바람개비 바람개비

가산 연밭

가산연밭

숲길 빼어난 가산마을
봄부터 가을까지
잎에서 꽃으로, 열매에서 수확까지
줄줄이 연꽃 행사가 이어지니
연꽃마을로 이름난 가산연밭

아름다운 연꽃 피니
마을이 아름다워 좋고
연밥에 연국수까지 판매하니
관광객 찾아와
마을 사람들 좋아한다

잘 가꾼 연밭 덕분으로
밤낮으로 연꽃 보고사니
마음까지 즐거운 행복마을
봄에서 가을까지 소득증대로 이어지니
마을은 부자 마을

*가산연밭은 부북면 가산리 19-1번지. 조성면적 70.772㎡. 체험 종류는 비교관찰, 물고기잡기, 수확 등을 할 수 있음. 바로 곁에 밀양연극촌이 있어 연계학습장으로 이용가능.

청운리 산성

청운리 뒷산 높은 봉이라
정동(井洞) 사랑곡(仕郎谷)에서
돌아돌아 오르면
반월산 정상에
묵은지처럼 산성이 있다
가야시대 국책사업으로
이 높은 곳에
이 험한 곳에
군사적 산성 필요했겠지
정권이 바뀌고 국가가 없어지니
역사도 눈감고 후세도 눈감은 탓에
이끼 속에 파묻힌 산성
주인도 없고
이웃도 모르고 산다

*부북면 청운리 뒷산으로 반월산 정상 해발 340m 지점에서 사방 4km 정도의 토성의 성지가 남아 있음. 밀양에서 창녕으로 가는 국도 25호선 부북면 앞고개에서 추모공원 쪽으로 가는 도로를 따라가면 산성 입구가 나옴.

가지산 단풍

가을 단풍이 하산을 하는데
떡갈나무는 하느작하느작
산벚나무는 하롱하롱
개옻나무는 한들한들
걸음걸이가 안단테다

밀양 가지산 자락에
불질렀네
웃동네부터 타오른 불꽃이
모락모락 타 내려온다

얼음골 케이블카

어린애 겁주기에 알맞은
공중쇠줄 2가닥에 천근같은 목숨
맡기고 아래 쳐다보니 겁난다
산내면 삼양리 시례 하부승강장에서
하늘정원이 있는 상부승강장까지
1.8km 50인 탑승 케이블카
출발할 땐 손에 땀이 나지만
느린 속도로 올라 도착지점에서는
더 갔으면 하는 아쉬움이 남는다
해발 1,020m에서 바라보는 전망
병풍처럼 둘러싼 영남알프스
운문산, 가지산, 능동산, 간월산, 신불산
한눈에 쏙 들어온다
멋진 비행에 기막힌 경치
밀양의 새 명물
영남알프스 케이블카 높이 날아라

시례호박소 전경(밀양 8경의 한 곳)

시례호박소

물이 농사의 근본일 때
관리도 백성도 지극정성으로
하늘에 기우제 지내는 성지였다
밀양의 진산 가지산 계곡물
바위를 타고 흐르다가
문득 멈춘 그 자리
낙하의 힘으로
천년의 세월로
물벼락 담은 소(구연) 되었다
가뭄에도 마르지 않는 생명수
소중한 자원이라
귀중한 재원이기에
바위 위에 맑은 물이
통째로 살아있어
밀양의 명소이자 명물로
그 이름 떨쳐 내린 시례호박소

오치마을 가는 길

산내면에서 가장 외딴 동네 오치마을
날아가던 까마귀도 쉬어간다는 고갯마루
쫓겨 온 사람들의 한 많은 피난살이
이제는 살아 있는 마을의 역사 되었다
비록 숙명처럼 가난이야 벗어날 수 없지만
믿고 사는 이웃사촌들이라
자랑스런 범죄 없는 마을이로다

교통이야 불편해도 마음이 편하기에
정 붙여살면 천국이 따로 없다
편리한 세상이 되고 개화 바람 불면서
전깃불도 들어오고 텔레비전 안테나 세우니
이미자 노래자랑도 안방에서 관람하는 세상
소 몰아 이랑 갈던 일 전설같은 이야기
경운기 트랙터 밤낮없이 돌아가고
젊은 아낙네 타고 가는 오토바이 소리
산울림 되어 이 시대를 흔들어 깨운다

*오곡고개라 해서 상동면 신곡리 가는 길과 경상북도 청도군 내동으로 가는 삼거리에 멋진 소나무 2그루가 인상적임. 해발 600m 정상부에 50여 가구가 살고 최근에 사과밭이 많이 조성돼 수확이 잘되고 있음. 산내면 송백 면소재지에서 동강중학교를 지나 한천박물관도 구경하고 다리를 건너 오르면 차로는 10분 이내에 도착함.

긴 늪

울울창창한 소나무 숲
넓은 모래사장과 그늘
봄엔 꽃놀이 장소로
여름철엔 물놀이 피서지로
사랑받는 관광지

학생들은 소풍하던 곳으로
어른들은 계군들 놀이터로
웃음과 노래 소리 이어져
사계절 내내 인파로 붐비었는데

이유도 모르게
까닭 알 수 없게
발길 끊어져
옛 영광 찾을 수 없네

*120여 년 전 박상일 군수의 실화에 의하면 기회보와 긴 늪에 관한 상세한 내용이 전해옴. 지금도 송림회에서 관리하고 있음. (홍수 범람을 막기 위해 솔밭을 만들었고, 3개 고을 인원을 동원 기회보를 만들어 농사에 쾌거를 일으킴.)

삼락정(三樂亭)

물 좋고
반석 좋고
정자 좋다고 해서
삼락정이라 했다지

얼음골 찾는 관광객
송백장 가는 마을 사람들
석골사 참배하는 불자들이
쉬어가는 이름난 정자

다리 펴고 쳐다보면
승학산 기암괴석 압도하고
뒤돌아보면 백암산 백암봉
경치 한번 장관이로다

물소리 바람소리에
산새 소리까지 맑게 들리니

심신이 절로 녹아내린다

*산외면 희곡리와 산내면 용전리의 경계점에 있음. 가지산과 운문산에서 흘러오는 동천이 넓고 큰바위 돌에 부딪혀 돌아 수량이 풍부하였으며 여름철 피서지로 이용객이 많았음. 주막집도 물론 있었음.

봉성사지(奉聖寺址)

탑골(塔谷)이라 이름하여
수많은 스님과 신도들이
수도하고 봉양했던 봉성사

고려시대엔 밀양에서
대가람으로
명성 자자했으나
억불사상에 막혀
역사 속에 사라진다

고찰에 고승 있기 마련이기에
고려 건국에 이바지 하신 보양 스님
맑고 너그러운 마음 찾을 길 없어
나그네 발길 쓸쓸하여라

*산외면 본촌마을 서쪽 평전산 기슭에 있음. 봉성사의 옛 입구는 다죽리 동북 끝자락 한천공장 맞은편 산비탈 바위에 표석으로 새겨져 있음. 고려 태조와 보양(당나라에 갔다 온 고승)의 진용(眞容)을 봉안했다고 하여 봉성사라 불렀다고 전함.

엄광사지(嚴光寺址)

산외면 엄광계곡
숲촌에서 다촌으로 가는 오른쪽
고려 화엄종의 대사찰 엄광사

불교가 배척받고
유교를 숭상하면서
역사에서 사라진 사찰

폐사된 지 오래 돼
밭으로 변해
찾는 이 없지만
가시덤불 속에 살아남은 차나무
잊혀진 역사
발버둥치며 버티고 있다

*태종실록, 동국여지승람, 밀양지 등에 문헌상 남아 전함. 1960년대 밀양교육청 주관 불적(佛蹟)에 관한 지표 조사에서 14점의 유물을 발굴했다고 기록돼 있음.

남산(南山) 봉수대(烽燧臺)

남산에서 기산으로 가는 옛길
종남산 중턱 가로질러
밀양성내로 가는 길이었다
남산 구비기 마을에서 동남쪽
꿍꿍이골 지나면 바로 봉우골
봉수대가 있었다 해서 봉우골 되었다
사방 탁 터졌고
전망 뛰어나
봉수대 자리엔 최적지다
아직 집터 남아 있고
텃밭에 우물자리까지
역사는 산자들의 전유물이 되면서
편리한 대로 해석되지만
기록은 속일 수 없는 사실일진데
이제라도 푯말 하나라도 세워
후손들이 할 일 했으면

*상남면 기산리 뒷산(지금 남산 봉수대는 논란 끝에 2000년 8월 정상부분에 새로 설치했음) 임진왜란 이전에는 김해 자암산과 추화산으로 응보하였고, 임진왜란 이후에는 백산 봉수대와 연계해 경상북도 청도 쪽으로 전했다고 전함.

오천 평 반석

얼음골에서 쇠점골 가는 옛길
토박이 남명마을 사람들
석남재 넘어 언양장에 가고
능동산 타고 배내골 숯가마 갈 때
시름 잊고 퍼질러 앉아
목마름에 목젖 넘겼던 곳

때 묻지 않은 바위나
맑은 물 좋아하는 사람들
즐겨 찾는 오천 평 반석

바위가 넓어서 오천 평인가
물 담아 놓은 못이 오천 평인가
참말인지 조금은 과장된 표현인지
얼음골 정류소에서 걸어 오르거나
백연사 철제 다리 건너
2km만 가면 금방 답이 나온다

무량원(無量院)

하님 양동역과 상님 금동역 사이
관원의 숙소로 이용했던 곳
교통의 요지였기에
인적 왕래 끊이지 않아
한 때 시끌벅적한 고을이었다
청룡산에 큰 절 무량사 있었고
김종직 선생님 첫 산소 있었던 곳
한림터에 팔도 감사 무덤 전설까지
명당자리였기에 사연도 많다
마을 앞으로 국토 확장되면서
가림막이 막아섰고
고갯길이 허물어져 없어지면서
조용히 숨어버린 산골마을

*부(府)에서 남쪽으로 30리(里)라. 지금의 상남면 마산리 무량원이다. 금동역과 양동역의 중간원이었다. 1507년(중종 2년) 무량원이 폐쇄하여 마산원으로 옮겼다(밀양지 속에 수록되어 있음.)

| 4부 |

빈지소

내연금 비행기 격납고

일제강점기
전쟁 야욕에 광분해
강제로 빼앗은 우리 땅에
군용비행장 건설하고
콘크리트로 비행기 격납고 만들었다
넓은 상남 들판 파헤치고
내연금 산기슭에
비밀 창고 만들었다
해방이 되고도
흉물스런 건물로 방치하고 있다가
아픈 역사가 밝혀내
이젠 근대문화유산으로 명명되었으니
치욕의 역사 되풀이 안 되게
후세 민족교육용으로
수난의 역사 현장으로
똑똑하게 보여줍시다

*상남면 연금리 내금(內今)안 골짜기 금동고개 앞에 있음. 등록문화재 제206호

외산리 작은 어은동(魚隱洞)

낙동강에 큰물이 들면
꼼짝없이 물속에 갇히는 곳
물 따라 들어온 잉어가
터 잡고 살아간다 해서
붙인 지명 어은동
지금은 제방 높게 쌓아
앞이 안 보여 갑갑한 마을
오직 탈출구는 뒷산뿐이다
똑똑한 사람 살만한 사람
너도나도 다 떠나고
지금은 작고 외로운 마을
멋대로 자란 대밭
버림받아 웃자란 뽕나무 밤나무
할 일 없는지
좁은 마을 칭칭 휘감고 있다

*상남면 외산리 작은 어은동. 한때는 70가구가 살았으나 지금은 3가구에 여자만 살고 있다.

영은사지(靈隱寺址)

밀양에서 명당터라는 남산골
구법·구배라는 독특한 지명에
숱한 설화에서 전설까지
숨은 왕국 같은 남산골
한때는
수백 명 스님이 참선했다는
불교문화의 꽃이었을
대사찰 영은사
어느 날
절은 불타 없어지고 터만 남았다
스님들이 말타고 다녔다는 마방에
다비식 올렸다는 골짜기는 그대로
세월은 바람처럼
소용돌이치며 지나갔고
폐사지에는
무성하게 핀 개망초
쓸쓸히 피어있다

*상남면 남산리 남동마을. 밀양지 제10장 문화재 사적란과 동국여지승람편에 '영은사 재 남산' 으로 되어있다. 고려시대에서 조선후기까지 존재했음을 확인하는 증거가 남아있다. 춘정 변계량 선생님이 이 절에 있는 혜상인에 보낸 시에 "산길이 멀고 높아 구름 속에 들어 있는 이곳은 가이 시끄러운 속세를 피할 수 있다"라고 노래했다.

빈지소 옛 모습

빈지소(蘋池沼)

여름휴가 때 상동역(유천역)은
피서객으로 만원이다
부산에서
대구에서
임시열차까지 운행했다

오죽했으면
물반 사람반이라 했을까

젊은이들로 넘쳐나던
빈지소
노래와 웃음으로 즐거웠던
빈지소

강은 살아
포평들 젖어 흘러
밀양 깻잎으로 다시 태어난다

* 빈지소란 물가에 개구리 밥풀(일명 부평초)이 많이 자라 빈주(淵)라고 표기했는데 빈주가 빈지로 변음되어 지금의 빈지소라 부르게 되었다고 전함. 이 소를 중심으로 여름엔 캠핑장과 낚시꾼들이 많이 이용했다고 전함.

분항산(盆項山) 봉수대

국가 안위가 최우선일 때
봉화불 올려 위급상황 알림이
통신의 임무
막중함을 무엇으로 답하리

세월에 밀려
시대에 밀려
버림받은 곳

국가 지킴이 역할 했음을
후손들에게 알리기 위해
푯말 하나 세워주기를

*상동면 금산리 분항상 정상에 있음. 남쪽에 있는 추화산 봉수대와 북쪽에 있는 청도 남산 봉수대가 응보했다고 전함.(동국여지승람에 기록)

솔방(松坊)

소나무로
방축을 쌓아 보이지 않는
피난 마을이다

전쟁의 참화에도
'솔방' 빠졌다는 일화
설득력 있는 마을이다

소천봉 남쪽 기슭
윗 도곡과 아랫 도곡 중간 지점
소로로 한참 오르면
아름다운 이름
정다운 마을
솔방이 나온다

* 상동면 도곡리에 속함. 임진왜란 참화에도 솔방 그대로 빠졌다는 일화도 있고, 솔방이라는 이름은 이 지방의 사투리로 송두리째라는 말에서 나왔다고 전함. 500여 년 된 보호수인 소나무가 하늘을 찌를 듯 버티고 서 있음.

철마산성지(鐵馬山城址)

해발 634m
바위로 둘러싼 천연 요새
산성은 부족국가 시절
최상의 거점이자
최후의 보루다

적의 침략에서
피붙이들을 지키기 위해
산으로 올라가 쌓은 성
이서국과 신라국의 땅따먹기

사내아이가 철마를 타고
장군이 돼
천하를 호령했는지
부족을 보호했는지
역사는 침묵하고 있다

곡강(曲江)

강은 살아있는 생명체
강물은 순리를 익힌 덕으로
이마에 부딪쳐 멍이 들고
허리에 휘감겨 피가 나도
아픈 만큼 거룩한 상처는
아름다운 풍광으로 태어난다

이궁대 절벽 곳곳에
새겨 놓은 물길의 솜씨
화가는 붓끝으로 그림으로
시인은 혀에서 시로 태어난다

일출이 장엄한 곳
일몰이 화려한 곳
곡강 나루터에 앉아
절경에 시간 가는 줄 모르고
굽이굽이 흐르는 곡강에 빠져든다

곡강

*초동면 검암리의 낙동강 강변, 이궁대 인근에 있다. 골강(骨江)이라
고도 하였다.

나루마을

흥청거렸던 나루터
흥청거리였던 주막집
흩어지고 파헤쳐
온 데 간 데 찾을 길 없다
변해도 너무 많이 변했어
갯벌이 들이 되고
들이 제방으로 바뀌었다가
제방이 다시 강으로

어진 민초들의 생활터전이
생존의 전쟁에서 밀리면서
나루마을 나루터
거대한 개발문화의 밥이다
낙동강 건너면 대산면 갈촌마을

학업을 쌓고
생업을 이어가기 위해

창원·마산으로 가던 뱃길
새 도로가 뚫리고
주거 문화가 변화되면서
마을 이름마저 사라졌다

*나루마을은 일명 진촌마을, 반월나루라고도 부른다. 초동면 반월리 동남쪽 강변 마을 나루터가 있어 나루마을·나룻가라 불렸음. 수상교통의 요지였으나 육상교통의 발달로 쇠퇴해졌음.

모래들(금포리)

낙동강 큰 물 질 때
강물에 모래 밀려와
산더미처럼 쌓이어
마을 사람들 허급지급
뒷산으로 피난갔지

세월이 흘러
모래더미 옥토가 되고
마을 사람들 목숨 구하는
귀중한 식량 생산의 터전이 되었지

고맙다 모래야
고맙네 안강들 모래야
넓은 하남들 돌아앉은
초동면 금포리 모래들
마을 이름 좋다
사람 살기 좋은 마을에다가

부르기 좋고 듣기 좋은 이름까지

모래들 마을

*초동면 금포리 마을 이름이며, 행정적으로는 두암리에 속함. 옛날 수산제가 개발되기 전에 홍수가 지면 낙동강이 범람하여 모래가 이곳으로 밀려 들어왔다고 해서 붙여진 지명.

이궁대(離宮臺)

낙동강을 사이에 두고
사나운 물결만큼
치열했던 영토분쟁
신라가 정복할 것인가
가야가 지켜낼 것인가
힘과 힘의 대결
지략과 지략의 대결
선인들의 아픔과 눈물이 맺힌 곳

싸움에는 승패보다
나라의 운명이 같이 했기에
승자는 이겨 축배를
패자는 피눈물 쏟아낸 곳

이 자리가 이궁대라 했던가
역사는 기록에만 남아 있고
현실은 폐허로 변해있는 곳

우거진 숲으로
오르는 길 묻혀
후손 있어 찾아온다 해도
길 몰라 쓸쓸히 돌아가겠다

*곡강마을 뒤에 있는 산. 밀주지에 의하면 신라 지증왕 때 이사부에게 명하여 가야를 정벌하고자 진을 친 곳, 신라왕이 순시하면서 임시로 있었다고 전하며 연회를 베풀었다고 기록함.

무시덤 옛 모습

무시덤

임진왜란 때 의병장 곽재우 장군이
이웃 동네 화왕산성에서 진을 치고
무쇠를 녹여 화살을 제조하고
군사훈련 시켰다는 이야기가
무쇠가 '무시' 로 담이 '덤' 으로
이유야 어찌 됐던 골이 깊고
물 맑아 민물고기 놀이터 된다
봄이면 산철쭉 절로 피고
가을이면 머루며 달래 지천이다

*청도면 조천리에 속함. 창녕군 고암면과 경계점. 남으로는 무안면 화봉리, 북으로는 구기리와 인접. 최근 농지개량조합에서 농사용 물가두기 저수지 공사가 진행 중.

덕대산(德大山)

높이는 별로지만
정상은 범상치 않다

큰 바위
큰 나무 하나 없어
사방이 펑 뚫려
눈이 시원하다

두루뭉실 펑퍼짐한 정상에는
득도를 위해 수양을 쌓다가 잠들었다는
처사 무덤 덩실하다

초동면의 진산이자
하남읍의 자존심인 덕대산
이름 그대로
덕이 한아름이다

청도당숲

5백살 먹은 느티나무와 팽나무
울울창창해 숲이 된 곳
청도면에서 목좋기로 1등이며
오산마·목곡·상신기 주민들 놀이터
행정의 중심지에 상업시설까지 집중해
청도 주민들 제집 드나들듯 모여든다
여름이면 윷판에서 큰소리 나고
아이들은 물가에 땡고함지르니
사람 발길 끊이지 않는다
아름다운 청도면 구기리 당숲
이 땅의 지킴이로
이 마을의 수호신으로
천년만년 살고지고 하시기를

*제2회 아름다운 마을 숲 전국대회에서 우수상을 수상했음.

밀양, 영광이 있으려면

한때 인구 25만에 동부경남의 웅군
경부선철도의 최고의 요충지에
가난해방의 싹을 틔운 통일벼의 산실이며
구국의 사명당과 학문의 어른 김종직의 고장
유서 깊은 고을에 우뚝 선 영남루

지금의 밀양은 어떠한가
인구 겨우 10만에 경제자립도 낙제점
일자리가 부족한 밀양
먹거리 볼거리가 마땅찮은 밀양
머물면서 즐기면서 살거리가 없거나
떳떳하게 내세울 명품이 없는 밀양

넓은 땅과 맑은 물이 있어도
공장 지으려면 못 짓게 어깃장 놓고
시설물 설치하려면 까다로운 조건 제시하니
재력 있어 찾아온 사업가들 되돌아가고

지역 경제는 활력 잃고 곳간은 비어간다
밀양을 떠나게 했던 단체와 조직
밀양을 미워하게 떠밀었던 훼방꾼들

지금은 후회하고 반성하고 있을 것이다
내 탓 네 탓 따지지 말고 껴안아
용서해 따뜻한 이웃으로 만들자

첨단산업인 나노융합에 힘 쏟고
문화융성인 관광벨트 활성화에 매진하며
미래산업인 6차 농업이 정착화가 되도록
모두가 한 몸 되고 하나로 뭉치자

그래서 인정이 넘치고 살맛나는 도시로 태어나
찾아오는 밀양, 살기 좋은 밀양이 될 때
밀양은 성장할 것이고 내일은 밝을 것이다

–2016년 1월 5일 밀양아리랑신문 신년시

저자가 걸어온 길

• 1941년 경남 남해 출생
• 중앙대학교 국어국문학과 졸업
• 밀양문학회(1988년) 창립회원
• 밀양문학회(6~12대) 회장 역임
• 시집 『풍선놀이』(1994년 경남시선 20) 발간
• 남도시단 회원 및 이사
• 경남문인협회 회원
• 밀양문화원 이사
• 밀양문학회 고문

• 교사로서 근무했던 학교
–1965년 상남초등학교(첫 발령)
–1967년 진해고등학교
–1968년 거제동부중학교
–1969년 밀양중학교
–1976년 무안중학교
–1980년 무안종합고등학교
–1982년 밀양여자중학교
–1987년 무안중학교
–1991년 밀양중학교
–1996년 상남중학교
–1998년~2000년 밀양중학교(명예퇴직)

• 주소 : 50435 경남 밀양시 수월2길 7-4(삼문동)
• 전화 : 010-6395-4463